¿Qué Dice La Biblia Acerca De...
La Salvación?
El Bautismo?
La Membresia de la Iglesia?

Edición del Maestro

Pastor Jeremy Markle

Los Ministerios de Andando en la PALABRA
Pastor Jeremy Markle
www.walkinginthewordministries.net

*¿Qué Dice la Biblia Sobre:
La Salvación?
El Bautismo?
La Membresía de la Iglesia?*

Edición del Maestro

Copyright © 2014 por Pastor Jeremy Markle.

Reservados todos los derechos.
Prohibida la reproducción total o parcial en cualquier forma, escrita o electrónica, sin la debida autorización del autor.

El texto bíblico ha sido tomado de la versión Reina-Valera
© 1960 Sociedades Bíblicas en América Latina;
© renovado 1988 Sociedades Bíblicas Unidas.
Utilizado con permiso.

Reina-Valera 1960® es una marca registrada
de American Bible Society,
y se puede usar solamente bajo licencia.

Publicado por Los Ministerios de Andando en la PALABRA
Walking in the WORD Ministries
www.walkinginthewordministries.net

Impreso en los Estados Unidos.

ISBN: 978-0692520826

Indice

¿Qué Dice la Biblia Sobre la Salvación?.................. 5

¿Qué Dice la Biblia Sobre el Bautismo?................. 17

¿Qué Dice la Biblia Ssobre la Membresía de la Iglesia?..... 27

¿Qué Dice la Biblia Sobre la Salvación?

¿Qué Dice la Biblia Sobre la Salvación?

La Biblia nos enseña que Jesús *"vino a buscar y a salvar lo que se había perdido"* (Lucas 19:10). Debido a que eso es uno de los propósitos de la vida y el ministerio de Jesucristo, necesitamos considerar algunas preguntas para entender completamente el plan de Dios. *(La pregunta # 1)*
Primero, *¿qué significa estar "perdido?"* Juan 3:16 ayuda a explicar el significado de estar perdido espiritualmente cuando nos dice, *"**Porque de tal manera amó Dios al mundo, que ha dado a su Hijo unigénito, para que todo aquel que en él cree, no se pierda, mas tenga vida eterna.**"* Igual estar "perdido" es lo mismo que "perecer." Por lo tanto, cada persona que no tiene vida eterna está "perdida." Por no tener la vida eterna confrontará la muerte espiritual, separado de Dios y en el infierno para siempre (Apocalipsis 20:11-15). Romanos 6:23 explica que la muerte es el resultado de pecado cuando dice, *"**Porque la paga del pecado es muerte ...**"* Y Romanos 3:23 es bien claro cuando nos dice, *"**por cuanto todos pecaron, y están destituidos de la gloria de Dios.**"* Cada persona está falta de la percepción de Dios por pecar. Por lo tanto, cada persona está en una condición perdida, y necesita la salvación de Dios para evitar la muerte eterna. *(Las preguntas # 2, 3)*
Segundo, *¿cómo Jesucristo está buscando y salvando a los perdidos?* Porque Dios *"**... es paciente para con nosotros, no queriendo que ninguno perezca,**"*

sino que todos procedan al arrepentimiento," Él eligió hacer un camino para la salvación a través de Su Hijo, Jesucristo (II Pedro 3:9). Juan 3:16 dice, "*Porque de tal manera amó Dios al mundo, que ha dado a su Hijo unigénito ...,*" y Filipenses 2:8 nos dice que Jesucristo "*... estando en la condición de hombre, se humilló a sí mismo, haciéndose obediente hasta la muerte, y muerte de cruz.*" Jesucristo, como el único y perfecto Dios-hombre, fue el único pago posible para todos los pecados del hombre. I Corintios 15:1-4 es bien claro en que el Evangelio o "Buena Noticia" sobre la salvación es "*... Que Cristo murió por nuestros pecados, conforme a las Escrituras; y que fue sepultado, y que resucitó al tercer día, conforme a las Escrituras.*" Por causa de la muerte, el entierro, y la resurrección de Jesucristo, Juan 3:16-17 puede prometer la victoria eternamente por encima de la muerte eterna cuando dice, "*... para que todo aquel que en él cree, no se pierda, mas tenga vida eterna.*" Dios ha hecho el único pago posible para la salvación a través de Jesucristo. "*Sabiendo que fuisteis rescatados de vuestra vana manera de vivir, la cual recibisteis de vuestros padres, no con cosas corruptibles, como oro o plata, sino con la sangre preciosa de Cristo, como de un cordero sin mancha y sin contaminación*" (I Pedro 1:18-19). *(Las preguntas # 4, 5, 6)*

Tercero, *¿cómo puede alguien ser salvado de su condición perdida y recibir la vida eterna?* Efesios 2:8-9 dice, "*Porque por gracia sois salvos por medio*

¿Qué Dice la Biblia Sobre la Salvación?

de la fe; y esto no de vosotros, pues es don de Dios; no por obras, para que nadie se gloríe." Dios dice que no podemos ganar la salvación por nosotros mismos. Nuestra familia, amigos, religión ni cualquier otra obra buena puede salvarnos de nuestro pecado. Estos versículos son bien claros: la salvación es únicamente provista por causa de la gracia de Dios, y recibida únicamente por la fe. El apóstol Pablo fue intermediario para comunicarnos sobre su salvación a través de Jesucristo, dice; "*y ser hallado en él, no teniendo mi propia justicia, que es por la ley, sino la que es por la fe de Cristo, la justicia que es de Dios por la fe*" (Filipenses 3:9). La Biblia habla claramente en Juan 3:18 cuando dice, "*El que en él [Jesucristo] cree, no es condenado; pero el que no cree, ya ha sido condenado, porque no ha creído en el nombre del unigénito Hijo de Dios.*" La única solución para su pecado y la muerte eterna es encontrada por depender solamente en el pago de Jesucristo en la cruz para obtener la vida eterna. Romanos 10:9-10 dice, "*que si confesares con tu boca que Jesús es el Señor, y creyeres en tu corazón que Dios le levantó de los muertos, serás salvo. Porque con el corazón se cree para justicia, pero con la boca se confiesa para salvación.*" Pero hablando directamente, la opción para su salvación es suya, aunque el resultado de su decisión está fuera de su control. Romanos 6:23 comienza por decir, "*Porque la paga del pecado es muerte...*" Puede continuar en su pecado y experimentar la muerte eterna,

¿Qué Dice la Biblia Sobre la Salvación?

o aceptar la última parte de Romanos 6:23 que dice, "*... mas la dádiva de Dios es vida eterna en Cristo Jesús Señor nuestro*" y experimentar la vida eterna. *(Las preguntas # 7, 8, 9)*

Cuarto, *¿Cuántas veces debe ser salvada una persona?* Jesucristo mientras le hablaba a "*Nicodemo, un principal entre los judíos*" dijo, "*De cierto, de cierto te digo, que el que no naciere de nuevo, no puede ver el reino de Dios*" (Juan 3:1, 3). Jesús es claro. El requisito para entrar en el reino de Dios por toda la eternidad es el nacimiento espiritual. Él estaba usando el nacimiento físico que pasa una sola vez para explicar el acto espiritual que pasa también una sola vez para poder ser salvo. Luego, Él explica esta verdad otra vez por decir "*De cierto, de cierto te digo, que el que no naciere de agua [el nacimiento físico] y del Espíritu [el nacimiento espiritual], no puede entrar en el reino de Dios. Lo que es nacido de la carne, carne es; y lo que es nacido del Espíritu, espíritu es. No te maravilles de que te dije: Os es necesario nacer de nuevo*" (Juan 3:5-7). Jesucristo estaba enseñando a Nicodemo que la salvación es un solo evento que puede estar documentado como una fecha de nacimiento físico. Él nos ayuda a entender que el tiempo de la salvación de una persona no es algo que pueda ser cambiado o que necesite ser repetido. Cada persona que desea la vida eterna en el reino de Dios debe tener un cumpleaños físico primero (tener vida física), y luego tener una fecha de nacimiento espiritual (tener

¿Qué Dice la Biblia Sobre la Salvación?

vida espiritual). Juan 1:12 nos asegura *"Mas a todos los que le recibieron, a los que creen en su nombre, les dio potestad de ser hechos hijos de Dios." "Pues todos sois hijos de Dios por la fe en Cristo Jesús"* (Gálatas 3:26). Cuando una persona nace espiritualmente, es nacida en la familia de Dios y nunca puede ser sacada de ésta. Aunque un niño de Dios puede rebelarse contra su Padre Celestial por pecar, y la relación de su Padre-niño podría estar deteriorada por un rato, Dios promete que *"Si confesamos nuestros pecados, él es fiel y justo para perdonar nuestros pecados, y limpiarnos de toda maldad"* (I Juan 1:9). Un hijo de Dios que haya pecado debe pedir a Dios el perdón por su pecado para restituir una buena relación Padre-niño, pero nunca pedirle ser parte de la familia de Dios otra vez. *(Las preguntas # 10, 11, 12, 13)*

En la pregunta final, pero no la menos importante es: *¿puede alguien perder su vida eterna?* Cada persona que ha aceptado a Jesucristo como su Salvador personal tiene la "vida eterna." Esta vida es para siempre y nadie puede tomarla. I Juan 5:13 dice, *"Estas cosas os he escrito a vosotros que creéis en el nombre del Hijo de Dios, para que sepáis que tenéis vida eterna, y para que creáis en el nombre del Hijo de Dios."* Dios quiere que usted sepa que tiene la vida espiritual y que nadie puede quitarla por causa de que es "eterna." Para que entendamos más nuestra seguridad en Jesucristo, Juan 5:13 dice, *"Estas cosas os he escrito a vosotros que creéis en el nombre del Hijo* *de Dios, para que sepáis que tenéis vida eterna, y para que creáis en el nombre del Hijo de Dios.*" La Biblia es clara, usted no puede ganar la salvación por sí mismo y no puede guardarla por su propio poder. Pero en la salvación, Dios, a través de Su poder le ha hecho a usted Su hijo, y porque Dios es todopoderoso nadie puede sacarlo de Su familia. Jesús explicó la seguridad eterna del creyente en Juan 10:27-30 cuando dijo, "*Mis ovejas oyen mi voz, y yo las conozco, y me siguen, y yo les doy vida eterna; y no perecerán jamás, ni nadie las arrebatará de mi mano. Mi Padre que me las dio, es mayor que todos, y nadie las puede arrebatar de la mano de mi Padre. Yo y el Padre uno somos.*" *(Las preguntas # 14, 15, 16)*

¿Ha aceptado usted a Jesucristo como su Salvador? ¿Ha llamado en el nombre del Señor, admitiendo su condición del pecado, y le ha pedido Su perdón por expresar su fe por Su pago en la cruz? Si la respuesta es no, por favor, no permita que pase ningún momento más y acepte a Jesucristo como su Salvador personal ahora mismo! *(La preguntas # 17)*

¿Qué Dice la Biblia Sobre la Salvación?

1. ¿Porqué Jesús llegó al mundo? (Lucas 19:10)
   A buscar y a salvar lo que se había perdido

2. ¿Cuál es el significado de estar perdido? (Juan 3:16-18)
   No tener la vida eterna

3. ¿Quién está "perdido?" (Romanos 3:23, 6:23a)
   Todos

4. ¿Quiere Dios que usted esté perdido espiritualmente? (II Pedro 3:9)
   No

5. ¿A quién envió Dios al mundo para suministrar la salvación? (Juan 3:16)
   Jesucristo

6. ¿Cómo pagó Jesús el pecado? (Filipenses 2:8, I Corintios 15:1-4, I Pedro 1:18-19)
   Por morir en la cruz

7. ¿Qué te ofrece Dios cómo un regalo? (Romanos 6:23b)
   La vida eterna

¿Qué Dice la Biblia Sobre la Salvación?

8. ¿Cómo puede tener la vida eterna? (Juan 3:18, Efesios 2:8-9, Filipenses 3:9)
(Qué) creer _____ en (Quien) Jesucristo _____

9. ¿Cómo debe expresar su fe en Jesucristo? (Romanos 10:9-10)
Por confesar con la boca

10. ¿Cuántas veces debe usted nacer de nuevo (salvado)? (Juan 3:1-7)
Una vez
¿Cuándo se nace de nuevo?
Cuando creo en Jesucristo

11. ¿Qué tiene que hacer para nacer de nuevo (Juan 1:12, Gálatas 3:26)
Recibir y creer en Jesucristo

12. ¿En la familia de quién es nacido uno cuando es nacido de nuevo? (Juan 1:12)
La familia de Dios

13. ¿Qué debe hacer usted cuando peque después de ser un hijo de Dios? (I Juan 1:9)
Confesarlos

14. ¿Puede usted saber con seguridad que tiene la vida eterna? (I Juan 5:13)
Sí

¿Qué Dice la Biblia Sobre la Salvación?

15. Cuando usted es una de las ovejas de Dios (hijos), ¿quién le guarda en Su mano? (Juan 10:27-30)
    Jesucristo y Dios el Padre
    ¿Alguien o algo puede sacarlo de esa mano?
    No

16. ¿Puede usted perder la vida eterna? (Juan 1:12, 10:27-30, I Juan 5:13)
    No

17. Por favor, escriba su testimonio personal de cuando usted aceptó a Jesucristo como su salvador personal.

    _____
    _____
    _____
    _____
    _____
    _____
    _____
    _____
    _____
    _____
    _____
    _____
    _____

¿Qué Dice la Biblia Sobre la Salvación?

¿Qué Dice la Biblia Sobre el Bautismo?

¿Qué Dice la Biblia Sobre el Bautismo?

La Biblia nos dice en Hechos 2:41-42 que, *"**Así que, los que recibieron su palabra** [el mensaje de la salvación] **fueron bautizados; y se añadieron** [a los apóstoles y la iglesia] **aquel día como tres mil personas. Y perseveraban en la doctrina de los apóstoles, en la comunión unos con otros, en el partimiento del pan y en las oraciones.***" Este pasaje es un archivo histórico de los acontecimientos en el día de Pentecostés después de la predicación de Pedro acerca de la necesidad de arrepentimiento del pecado y de la salvación en Cristo Jesús. Estos versos presentan claramente el patrón de la salvación, bautismo y membresía de la iglesia. Primeramente, los individuos *"**recibieron su palabra**,"* o creyeron el mensaje del Evangelio. Y segundo, fueron *"**bautizados.**"* Luego, *"**se añadieron**"* a la iglesia. *(La pregunta # 1)*

El bautismo siempre viene después de la salvación. Hechos 8:12, mientras habla sobre un evento en Samaria dice, *"**Pero cuando creyeron a Felipe, que anunciaba el evangelio del reino de Dios y el nombre de Jesucristo, se bautizaban hombres y mujeres.**"* Aun más, Felipe nos presenta claramente el orden de la salvación y el bautismo mientras hablaba con el eunuco Etíope en versos 35-38. *"**Entonces Felipe, abriendo su boca, y comenzando desde esta escritura, le anunció el evangelio de Jesús. Y yendo por el camino, llegaron a cierta agua, y dijo el eunuco: Aquí hay agua; ¿qué impide que yo sea bautizado? Felipe dijo:***

¿Qué Dice la Biblia Sobre el Bautismo?

Si crees de todo corazón, bien puedes. Y respondiendo, dijo: Creo que Jesucristo es el Hijo de Dios. Y mandó parar el carro; y descendieron ambos al agua, Felipe y el eunuco, y le bautizó." Felipe deja muy claro que no hay poder de salvación en el agua ni por ser bautizado en la misma. El bautismo es simplemente un testimonio público de su relación espiritual con Jesucristo. *(Las preguntas # 2, 3)*

Mateo 3:13-17 nos revela la historia del bautismo de Jesús por Juan el Bautista. La Biblia dice, "*Entonces Jesús vino de Galilea a Juan al Jordán, para ser bautizado por él. Mas Juan se le oponía, diciendo: Yo necesito ser bautizado por ti, ¿y tú vienes a mí? Pero Jesús le respondió: Deja ahora, porque así conviene que cumplamos toda justicia. Entonces le dejó. Y Jesús, después que fue bautizado, subió luego del agua; y he aquí los cielos le fueron abiertos, y vio al Espíritu de Dios que descendía como paloma, y venía sobre él. Y hubo una voz de los cielos, que decía: Este es mi Hijo amado, en quien tengo complacencia.*" En el ejemplo de Jesucristo podemos descubrir varias verdades importantes sobre el bautismo. En primer lugar, Juan el Bautista reconoció su insignificante presencia en comparación con la perfección de Cristo. También, él cuestionó a Jesucristo sobre su necesidad del bautismo. La respuesta de Jesús indicó que no estaba pidiendo ser bautizado porque tuviera pecado en su vida, sino porque era lo correcto o justo. Por lo tanto, el bautismo no le

¿Qué Dice la Biblia Sobre el Bautismo?

ayuda a un individuo con la salvación de su pecado, sino que es una exposición pública de que los pecados de los individuos ya son perdonados por Dios a través de la salvación en Cristo Jesús. *(Las preguntas # 4, 5)*
En segundo lugar, Jesucristo dijo que, *"así conviene que cumplamos toda justicia."* Jesús simplemente estaba siendo obediente al ser bautizado. A través de su obediencia, estamos enseñados en que el bautismo no es una opción para los creyentes, sino un mandato. Jesús nunca había pecado ni podía pecar. Por lo tanto, él había de cumplir perfectamente cada mandato dado por Dios. Él desea que cada nuevo creyente se identifique públicamente con Jesucristo a través de las aguas del bautismo. Jesús, por Su obediencia humilde, nos ha dado el patrón y ejemplo a seguir desde ese momento en adelante. *(La pregunta # 6)*
En tercer lugar, Jesucristo tomó la decisión personal de ser bautizado. Aún cuando Juan el Bautista intentó disuadir a Jesús de ser bautizado, Jesucristo fue firme de que era necesario. Ésto nos ayuda a entender que el bautismo bíblico no puede ser forzado a alguien, ni el bautismo de un bebé puede cumplir la voluntad de Dios. Por lo tanto, el bautismo es una elección personal para obedecer o desobedecer el mandato de Dios.
En cuarto lugar, Jesucristo fue bautizado en el agua. La Biblia dice que después de Su bautismo *"subió luego del agua."* El bautismo no es por aspersión o a raudales. Bautismo es por inmersión, ó

sea bajo el agua. (El mismo concepto se presenta en Hechos 8:35-38.) *(La pregunta # 7)*

En quinto lugar, Jesucristo recibió el elogio y la alabanza de Su Padre Celestial después de Su obediencia. Esto también es cierto para todos aquellos que siguen el ejemplo de Jesucristo y el mandato de Dios para ser bautizados. Dios siempre está complacido con la obediencia, y a la desobediencia Él la llama pecado. Santiago 4:17 dice; *"y al que sabe hacer lo bueno, y no lo hace, le es pecado."*

Jesucristo, en Sus palabras finales en esta tierra, presentó nuevamente la necesidad y el mandato por el bautismo. Mateo 28:18-20 dice; *"Y Jesús se acercó y les habló diciendo: Toda potestad me es dada en el cielo y en la tierra. Por tanto, id, y haced discípulos a todas las naciones, bautizándolos en el nombre del Padre, y del Hijo, y del Espíritu Santo; enseñándoles que guarden todas las cosas que os he mandado; y he aquí yo estoy con vosotros todos los días, hasta el fin del mundo. Amén."* Jesucristo les está dando un mandato o una comisión a Sus discípulos y a cada creyente que siguieran sus enseñanzas, que fuesen adelante con un ministerio de tres partes: enseñar a todas las naciones de la salvación, bautizar a aquellos que lo reciban, y enseñar o discipular a aquellos en la Palabra de Dios (este patrón fue seguido en el día de Pentecostés en Hechos 2:41-42, y se logra a través de la iglesia local hoy en día). *(La pregunta # 8)*

¿Qué Dice la Biblia Sobre el Bautismo?

¿Ha hecho usted los primeros pasos de obediencia a Dios y al crecimiento en su vida espiritual? La elección del bautismo es suya, y sólo así se puede hacer. ¿Está dispuesto a declarar públicamente a Jesucristo como su Salvador personal mediante la identificación con su muerte? Y su deseo de andar "*en vida nueva*" por identificarse con Su muerte, entierro (ser enterrado en el agua) y resurrección (ser levantado del agua) (Romanos 6:3-5)? *(La pregunta # 9)*

¿Qué Dice la Biblia Sobre el Bautismo?

1. ¿Quiénes fueron bautizado en el Día de Pentecostés? (Hechos 2:41-42)
   Los que recibieron la mensaje sobre Jesucristo

2. ¿Cuándo Felipe bautizó a las personas en Samaria? (Hechos 8:12)
   Después que creyeron el Evangelio de Jesucristo

3. ¿Cuándo Felipe permitió que el eunuco Etíope fuera bautizado? (Hechos 8:35-38)
   Después que creó en Jesucristo

4. ¿El bautismo en el agua tiene el poder para salvar o lavar el pecado? (Mateo 3:13-17)
   No

5. ¿Quién estaba complacido con Jesús después que fue bautizado? (Mateo 3:13-17)
   Dios el Padre

6. ¿Porqué Jesús fue bautizado? (Mateo 3:13-17)
   Para cumplir toda justicia

7. ¿Dónde fue Jesús bautizado? (Mateo 3:13-17)
   En el río Jordán

¿Qué Dice la Biblia Sobre el Bautismo?

8. ¿Quién les dio a los creyentes el mandato de ser bautizados? (Mateo 28:18-20)
   Jesucristo

9. ¿Usted ha obedecido a Dios por ser bautizado públicamente en el agua después de su salvación? _____
   Si sí, ¿Cuándo? _____ ¿Dónde? _____
   Usted está andando en la "*vida nueva?*" _____
   *Romanos 6:4

¿Qué Dice la Biblia Sobre la Membresia de la Iglesia?

¿Qué Dice la Biblia Sobre la Membresía de la Iglesia?

La Biblia nos enseña que después del bautismo, los nuevos creyentes se unieron, y formaron la primera iglesia local. Hechos 2:41-42 dice, "*Así que, los que recibieron su palabra fueron bautizados; y se añadieron [a la iglesia] aquel día como tres mil personas. Y perseveraban en la doctrina de los apóstoles, en la comunión unos con otros, en el partimiento del pan y en las oraciones.*" Entonces, *¿qué es la iglesia local, y por qué debe ser parte de la vida del creyente? (La pregunta # 1)*

En primer lugar, Jesucristo dice en Mateo 16:18 "*... sobre esta roca edificaré mi iglesia; y las puertas del Hades no prevalecerán contra ella.*" Jesucristo es el Creador y Constructor de la iglesia local. Es por Su autoridad que la misma existe. La Biblia dice que "*Cristo es cabeza de la iglesia*" (Efesios 5:22-23), y Él proporciona el liderazgo humano para la iglesia (Efesios 4:11-16). Algunas religiones enseñan que el líder humano viviente es la autoridad máxima sobre la iglesia. Pero, I Pedro 5:2-4 enseña a los líderes de la iglesia que deben "*Apacentad la grey de Dios que está entre vosotros, cuidando de ella, no por fuerza, sino voluntariamente; no por ganancia deshonesta, sino con ánimo pronto; no como teniendo señorío sobre los que están a vuestro cuidado, sino siendo ejemplos de la grey. Y cuando aparezca el Príncipe de los pastores, vosotros recibiréis la corona incorruptible de gloria.*" Jesucristo es el "*Príncipe de los pastores,*" y los líderes humanos son los pastores-abajo. Dios proporciona el liderazgo humano a la iglesia local, y advierte que el mismo necesita darle cuentas a Él de lo que han logrado en su ministerio. *(Las preguntas # 2, 3)*

En segundo lugar, la Biblia enseña que la iglesia local es uno de los recursos del creyente para el crecimiento y la protección espiritual. Efesios 4:11-16 dice, "***Y él mismo [Jesucristo] constituyó a unos, apóstoles; a otros, profetas; a otros, evangelistas; a otros, pastores y maestros, a fin de perfeccionar a los santos para la obra del ministerio, para la edificación del cuerpo de Cristo, hasta que todos lleguemos a la unidad de la fe y del conocimiento del Hijo de Dios, a un varón perfecto, a la medida de la estatura de la plenitud de Cristo; para que ya no seamos niños fluctuantes, llevados por doquiera de todo viento de doctrina, por estratagema de hombres que para engañar emplean con astucia las artimañas del error.***" *(La pregunta # 4)*

Es el plan de Dios que los creyentes aprendan Su Palabra de los ministerios de la iglesia local y su liderazgo. Las enseñanzas que se aprenden ayudarán a los creyentes para cumplir la obra del ministerio y protegerlos de la enseñanza falsa y la influencia del mundo. Asimismo, debe reconocerse que Hebreos 13:7 y 17 avisen a los miembros de la iglesia cuando dice, "***Acordaos de vuestros pastores, que os hablaron la palabra de Dios; considerad cuál haya sido el*** *resultado de su conducta, e imitad su fe. Obedeced a vuestros pastores, y sujetaos a ellos; porque ellos velan por vuestras almas, como quienes han de dar cuenta; para que lo hagan con alegría, y no quejándose, porque esto no os es provechoso.*" La Biblia dice que los líderes de la iglesia tendrán la responsabilidad de dar cuentas a Dios sobre aquellos que bajo su liderazgo les siguieron. El liderazgo de la iglesia es responsable de enseñar lo que es bíblicamente correcto (II Timoteo 2:15, Tito 2:1-15), y los creyentes son responsables de recibir, obedecer, y perseverar en lo que se les enseña (Hechos 2:42, 46, Santiago 1:22-25). *(Las preguntas # 5, 6, 7)*

En tercer lugar, la Biblia nos ayuda a entender la importancia y urgencia del ministerio de la iglesia cuando dice, "*Y considerémonos unos a otros para estimularnos al amor y a las buenas obras; no dejando de congregarnos, como algunos tienen por costumbre, sino exhortándonos; y tanto más, cuanto veis que aquel día se acerca*" (Hebreos 10:24-25). Si un creyente no está asistiendo a su iglesia local regularmente, no tendrá el privilegio de experimentar la edificación piadosa ni la enseñanza de otros creyentes, y perderá la oportunidad de servir a otros. Además, debe haber una urgencia o deseo de asistencia a la iglesia porque el "*día se acerca.*" El día que se acerca es la venida del Señor. Porque el tiempo es corto, la anticipación de la venida del Señor debe motivar a los creyentes a decir, "*Mantengamos firme, sin fluctuar, la profesión de nuestra esperanza, porque fiel es el que prometió*" (Hebreos 10:23). *(Las preguntas #8, 9)*

En cuarto lugar, la Biblia enseña que el lugar principal de la responsabilidad humana para los creyentes es la iglesia local. Gálatas 6:1 dice, "*Hermanos, si alguno fuere sorprendido en alguna falta, vosotros que sois espirituales, restauradle con espíritu de mansedumbre, considerándote a ti mismo, no sea que tú también seas tentado.*" La iglesia es el lugar para los hijos de Dios, los "hermanos" espirituales, para proteger el uno al otro de los peligros del pecado. Cuando la enseñanza de la Palabra de Dios y la edificación del compañero no es atendida, el resultado es que el creyente está "*sorprendido*" por, o ha caído en pecado. Es necesario que un hermano o una hermana en Cristo cariñosamente busque ayudar al creyente caído "*con espíritu de mansedumbre, considerándote a ti mismo, no sea que tú también seas tentado.*" En Mateo 18:15-17 Jesucristo dijo, "*Por tanto, si tu hermano peca contra ti, ve y repréndele estando tú y él solos; si te oyere, has ganado a tu hermano. Mas si no te oyere, toma aún contigo a uno o dos, para que en boca de dos o tres testigos conste toda palabra. Si no los oyere a ellos, dilo a la iglesia; y si no oyere a la iglesia, tenle por gentil y publicano.*"

El deseo de Dios es que cada creyente sea parte de una iglesia local para ayudar a protegerlo de ser atrapado por el pecado, y así restaurarle con Dios y los otros creyentes cuando caiga en pecado. Santiago

¿Qué Dice la Biblia Sobre la Membresía de la Iglesia?

5:19-20 enseña que la responsabilidad humana a través de compañeros creyentes ayuda a impedir que caiga más profundo en el pecado cuando dice: "*Hermanos, si alguno de entre vosotros se ha extraviado de la verdad, y alguno le hace volver, sepa que el que haga volver al pecador del error de su camino, salvará de muerte un alma, y cubrirá multitud de pecados.*" *(La pregunta # 10)*

En quinto lugar, la Biblia enseña la necesidad de la iglesia local para que haya unidad entre los creyentes. I Corintios 12:12-27 nos ayuda a comprender la unidad de la iglesia local, diciendo, "*Porque así como el cuerpo es uno, y tiene muchos miembros, pero todos los miembros del cuerpo, siendo muchos, son un solo cuerpo, así también Cristo*" (vs. 12). El pasaje continúa con algunas ilustraciones sobre el cuerpo, como, "*Si dijere el pie: Porque no soy mano, no soy del cuerpo, ¿por eso no será del cuerpo?*" (vs. 15). "*Ni el ojo puede decir a la mano: No te necesito, ni tampoco la cabeza a los pies: No tengo necesidad de vosotros*" (vs. 21). Dios desea que los creyentes estén unidos y en armonía. Esta unidad se encuentra en la humildad y que cada miembro del "*cuerpo,*" o iglesia local, haga su parte. *(La pregunta # 11)*

Cuando los creyentes aceptan la autoridad de Jesucristo como Creador de la iglesia y que Él es la fuente del liderazgo para la iglesia, tienen Su promesa de que "*las puertas del Hades no prevalecerán contra ella [la iglesia]*" (Mateo 16:18). *(La pregunta # 12)*

¿Qué Dice la Biblia Sobre la Membresía de la Iglesia?

¿Es usted miembro de una iglesia local centrada en Cristo? ¿Está aprendiendo y creciendo espiritualmente por el liderazgo que Dios le ha dado? ¿Está haciendo su parte para participar en el ministerio? Si no, empiece a seguir el ejemplo de los nuevos creyentes en Hechos 2:41-42 cuando, "*... recibieron su palabra fueron bautizados; y se añadieron aquel día como tres mil personas. Y perseveraban en la doctrina de los apóstoles, en la comunión unos con otros, en el partimiento del pan y en las oraciones.*" *(Las preguntas # 13, 14, 15)*

¿Qué Dice la Biblia Sobre la Membresía de la Iglesia?

1. ¿Cuáles son las tres cosas que hicieron los nuevos creyentes después de su conversión y bautismo? (Hechos 2:41-42)
   a. Fueron añadidos a los creyentes
   b. Perseveraban en la doctrina
   c. Perseveraban en la comunión

2. ¿Quién es la cabeza de la iglesia local? (Mateo 16:18, Efesios 5:22-23)
   Jesucristo

3. ¿Quién proporciona el liderazgo de la Iglesia? (Efesios 4:11-16)
   Jesucristo

4. ¿Por qué Dios quiere que los creyentes sean parte de una iglesia local y siguiendo el liderazgo de la misma? (Efesios 4:11-16)
   "... a fin de perfeccionar a los santos para la obra del ministerio, para la edificación del cuerpo de Cristo, hasta que todos lleguemos a la unidad de la fe y del conocimiento del Hijo de Dios, a un varón perfecto, a la medida de la estatura de la plenitud de Cristo; para que ya no seamos niños fluctuantes, llevados por doquiera de todo viento de doctrina, por estratagema de hombres que para engañar emplean con astucia las artimañas del error."

¿Qué Dice la Biblia Sobre la Membresía de la Iglesia?

5. ¿Qué son ordenados a hacer los creyentes con el liderazgo de la iglesia? (Hebreos 13:7, 17)
   a. Acordarlos
   b. Considerar los resultados de sus conducta
   c. Imitad su fe
   d. Obedecerles
   e. Ser sujetos a ellos

6. ¿Qué es requerido que el liderazgo de la iglesia enseñe? (Tito 2:1-15, II Timoteo 2:15)
   La Palabra de Dios

7. ¿Qué deben hacer los creyentes con la enseñanza del liderazgo de la iglesia? (Hechos 2:42, 46, Santiago 1:22-25)
   Perseverar en ella - obedecerla

8. ¿Cuáles son los tres propósitos del compañerismo Cristiano? (Hebreos 10:24-25)
   a. Para estimularnos al amor
   b. Para estimularnos a las buenas obras
   c. Para exhortándonos

9. ¿Qué debe motivar a los creyentes para edificarse mutuamente en la iglesia local? (Hebreos 10:24-25)
   La venida del Señor se acerca

¿Qué Dice la Biblia Sobre la Membresía de la Iglesia?

10. ¿Qué deben hacer los creyentes si otro creyente caiga en pecado? (Gálatas 6:1) *Mateo 18:15-17, Santiago 5:19-20
    Restaurarle (buscar el arrepentimiento y la restauración)
    ¿Cómo debe ser realizado eso?
    Por confrontación con mansedumbre

11. ¿Cuál es un ejemplo físico de cómo los creyentes deben trabajar juntos en la iglesia local? (I Corintios 12:12-27)
    Un cuerpo

12. ¿Quién protege a la iglesia de Satanás? (Mateo 16:18)
    Jesucristo

13. ¿Cuáles son las cuatro cosas que hicieron las personas después de escuchar la predicación de la Palabra de Dios en el día de Pentecostés? (Hechos 2:41-42)
    a. Recibieron su palabra (el Evangelio)
    b. Fueron bautizados
    c. Se añadieron (la membresía de la iglesia)
    d. Perseveraban en la doctrina
    e. Perseveraban en comunión (el partimiento del pan y en las oraciones)

¿Qué Dice la Biblia Sobre la Membresía de la Iglesia?

14. ¿Está actualmente siendo parte de una iglesia local y perseverando en la enseñanza de la Palabra de Dios y su compañerismo Cristiano? (Hechos 20:41-42)

   _____

15. Si usted actualmente no es miembro de una iglesia local que sigue la Biblia, está dispuesto a unirse a la iglesia local que comparte este estudio con usted? _____
   *En caso afirmativo, por favor, debe hablar con el Pastor tan pronto sea posible y compartir con él su testimonio personal de la salvación y el bautismo y su deseo de ser miembro para ser parte del programa de Dios en una iglesia local.

Los Otros Estudios Bíblicos y Libros disponible por Los Ministerios de Andando en la PALABRA
www.walkinginthewordministries.net

**Matrimonio:
Un Pacto Delante de Dios**

Diez estudios y materiales extras
para ayudar a una pareja
tener un matrimonio bíblico.

La Crianza con Propósito

Seis estudios
sobre la crianza bíblica.
Los primeros tres estudios se enfoquen en
la necesidad de los padres
de honrar a Dios con su niño.
Los últimos tres estudios se enfoquen en
cómo los padres tienen que representar
Dios Padre a su niño.

**La Armadura de Dios
para las Batallas Diarias**

Un estudio diario
para ayudar a los creyentes
a aprender y aplicar
los recursos espirituales
que Dios el Padre les da
para vivir la vida victoriosa.

Una Guía de Bosquejo para El Camino del Calvario de Roy Hession

Esta guía en forma de bosquejo
fue escrita para mejorar
su capacidad de comprender, recordar,
y aplicar las verdades espirituales
importantes compartidas en
El Camino del Calvario.

La Búsqueda para la Mano de Dios en Mi Vida

Un estudio de seis temas importantes
para que un creyente pueda ver
el cuidado y la dirección de Dios
en su vida.

El Corazón del Hombre

Un análisis Bíblico
tocante a la salvación,
los primeros pasos de la obediencia,
y la vida nueva.

**Los Componentes Básicos
para una Vida Cristiana Estable**

Cinco estudios explicando
la importancia de y como organizarse
en la oración,
el estudio bíblico,
las verdades bíblicas,
los versículos de memoria,
y la predicación.

¿Quiénes Son Los Bautistas?
Según Sus Distintivos

Un estudio bíblico
de las ocho creencias básicas
de los Bautistas.

¿La Voluntad de Dios
es un Rompecabezas para Ti?

Un estudio y formulario bíblico
para encontrar la voluntad de Dios
para su vida.

Made in the USA
Columbia, SC
03 October 2022

67808528R00026